LA BATAILLE D'AZINCOURT

D'APRÈS LE MANUSCRIT INÉDIT

DU CHÂTEAU DE TRAMECOURT

PAR

LE COMTE AUGUSTE DE LOISNE

Extrait du *Bulletin historique et philologique*, 1897

PARIS

IMPRIMERIE NATIONALE

M DCCC XCVIII

LA BATAILLE D'AZINCOURT

D'APRÈS LE MANUSCRIT INÉDIT

DU CHÂTEAU DE TRAMECOURT

PAR

LE COMTE AUGUSTE DE LOISNE

Extrait du *Bulletin historique et philologique*, 1897

PARIS

IMPRIMERIE NATIONALE

M DCCC XCVIII

LA BATAILLE D'AZINCOURT,

D'APRÈS LE MANUSCRIT INÉDIT

DU CHÂTEAU DE TRAMECOURT.

Il y a quelques mois, nous trouvant en villégiature à Trame-court [1], nous avons eu la bonne fortune, grâce à la bienveillance de nos hôtes, de transcrire un récit de la bataille d'Azincourt, qui, on le sait, s'est livrée, le 25 octobre 1415, à quelques centaines de mètres du château de Tramecourt. Avant de donner le texte de ce récit, nous devons faire connaître le volumineux manuscrit où nous l'avons puisé, dire ce que contient ce manuscrit et quel en est l'auteur.

Connu sous le nom de *manuscrit de Tramecourt* et consulté à diverses époques par les historiens de l'Artois, il ne faut le confondre ni avec le *manuscrit de la bataille d'Azincourt*, qui a été perdu [2], ni, comme nous le verrons plus loin, avec une *Chronique de Saint-Riquier*, qui faisait également partie des archives du château de Tramecourt avant la Révolution.

C'est un petit in-folio de 560 feuillets de vélin, de 320 millimètres de haut sur 220 de large, écrit sur deux colonnes de deux écritures différentes du xv° siècle. Initiales alternativement rouges et bleues, dont une historiée et rehaussée d'or au folio 30. Trois petites miniatures aux folios 1 recto, 4 verso et 117 recto [3]. Reliure moderne en veau brun.

Le texte commence ainsi : «Che sont lez histores de France en brief, qui premièrement fut appelée Gaule... », et on lit sur la

---

[1] Canton du Parcq, arrond de Saint-Pol-sur-Ternoise (Pas-de-Calais).

[2] Ce manuscrit a disparu en 1792. L'on en a retrouvé tout au plus quelques fragments inutilisables.

[3] Ces miniatures ont été étudiées et décrites par M. le comte de Brandt de Galametz dans son *Histoire de la maison de Tramecourt*, p. 202. Arras, 1881, in-8°.

1 .

marge supérieure du premier feuillet : *Ce livre appartient à Jehan, sr de Tramecourt.*

Le personnage est connu. Jean de Tramecourt, deuxième du nom, seigneur des Woires, du Hamel et de Wambercourt [1], né en 1540, mort en 1608, était le fils aîné de Jean de Tramecourt et d'Isabeau de la Haye. Guidon de la compagnie du sire de Morbecque, il épousa en 1465 Françoise du Wez, dame de Verchin [2], issue d'une branche cadette de la maison de Guines, fille de Charles du Wez, écuyer, seigneur de Beaurepaire [3], et de Jacqueline de Magnicourt. C'est par suite de ce mariage que le manuscrit, écrit, comme nous allons le voir, par Jean de Magnicourt, grand-père de Jacqueline, entra dans la maison de Tramecourt. Il n'en est pas sorti depuis.

Signalé tour à tour à l'attention des érudits par Mazas, qui s'en est servi pour sa *Vie des grands capitaines du moyen âge* [4], par Roger [5], Piers [6], La Plane [7] et le colonel de Brécourt [8], M. Brassart l'a étudié, d'après une copie [9], dans le tome XIX des *Souvenirs de la Flandre wallonne* [10].

Suivant le savant bibliothécaire, l'œuvre se divise en trois parties :

1° Depuis le commencement jusqu'au feuillet 189, treize chapitres de la *Chronique de Flandre*, dont Denis Sauvage, historien d'Henri II, a laissé une édition des plus défectueuses [11], plus des

[1] Canton d'Hesdin, arrond' de Montreuil-sur-Mer (Pas-de-Calais).

[2] Verchin-sur-Ternoise, canton de Fruges, arrond' de Montreuil-sur-Mer.

[3] Commune de Lillers, arrond' de Béthune (Pas-de-Calais). C'est ce Charles du Wez qui, en 1532, construisit le manoir de Beaurepaire, auquel nous avons consacré une notice dans le tome I des *Mémoires de la Commission des monuments historiques du Pas-de-Calais*.

[4] T. II, p. 363.

[5] *Bibliothèque historique de l'Artois et de la Picardie*, p. 188 et 189.

[6] *Le Puits artésien*, année 1837, I, p. 387.

[7] *Mém. de la Soc. des antiquaires de la Morinie*, t. X, 1re partie, p. 13, note 1.

[8] *Bulletin historique des antiquaires de la Morinie*, t. VI, p. 78.

[9] Cette copie, achetée à Douai en 1878 à la vente Dumont des Minimes, avait été faite au siècle dernier pour le président Blondel d'Aubers.

[10] *Jean de Magnicourt, écuyer, seigneur de Verchin-en-Ternois, chroniqueur*, p. 156 et suiv.

[11] *Chronique de Flandres anciennement composée par auteur incertain et nouvellement mise en lumière par Denis Sauvage, de Fontenailles en Brie. A Lyon,*

fragments du *Roman de Turpin* et une traduction des *Chroniques du pays de Liège*, avec quelques additions.

Du feuillet 189 au 319 verso, les chapitres xiv à cxxxix des *Chroniques de Flandre* de Froissart ; 319 verso à 363 recto : chronique de Flandre de 1347 à 1383 ; folios 363 à 388 : continuation inédite de la même chronique.

2° Du folio 388 au folio 486 : abrégé avec quelques modifications de détail de la *Chronique* de Monstrelet, se terminant à l'année 1444, comme le récit du célèbre prévôt de Cambrai.

3° Enfin, du folio 486 à la fin : chronique originale et inédite, commençant en 1444 et brusquement arrêtée à l'année 1467, ainsi qu'en témoigne le mot *mercy*, mis en réclame au dernier feuillet.

Nous nous trouvons donc en présence, à la fois, d'une compilation, d'un abrégé et d'une chronique nouvelle, qui rectifient souvent et complètent parfois les grandes chroniques de Flandre [1].

Quel est l'auteur du manuscrit ?

Suivant Mazas [2], quatre ou cinq seigneurs de la maison de Tramecourt y auraient travaillé de père en fils et l'auraient fait écrire sous leur dictée. « Ceci est probable, dit-il, car la première partie est d'un style au moins aussi ancien que celui de Froissart et souvent inintelligible, quoique bien peint » Ce raisonnement ne prouve rien.

Le comte de Galametz [3] croit, au contraire, qu'il s'agit de la compilation de Jean d'Ostone ou d'Ostove, seigneur de Noyellettes [4], que le Père Malbrancq signale en ces termes, en indiquant les sources de son histoire des Morins :

Decimum ms. est Chronicon Centulense seu S. Richarii, res monasterii, quod in Centula urbe sua ad annum 600 divus ille erexit, complectens ; præsertim vero antiquiora multa quæ ad Pontivum spectant et cum Bononiensibus nostris sunt communia, persequitur. Unde non modico usui cum mihi foret, lubens meis manibus illud *credidit vir illustris Dominus de Tra-*

Guil. Roville, 1561. Bien que fort intéressante, cette chronique n'a pas été réimprimée.

[1] De l'étude attentive de notre manuscrit, dit Brassart, il résulte que Jean de Magnicourt fut non seulement un copiste consciencieux, mais aussi un *compilateur* et un *auteur*. (*Souvenirs de la Flandre wallonne*, t. XIX, p. 165.)

[2] *Loc. cit.*

[3] *Histoire généalogique de la maison de Tramecourt*, p. 205.

[4] Noyellettes-en-l'Eau, canton d'Avesnes-le-Comte, arrond* de Saint-Pol.

mecourt. A Chlodovæo primo Francorum Christianorum rege orditur, finiturque opus ad annum 1437, subscribente nobili viro Joanne de Ostone, domino de Noielettes. Videtur autem ille non tam historiam scripsisse quam è membranis Centulensibus exscripsisse; namque è textu huius operis auctor quintuplex innuitur [1].

Le manuscrit prêté par le seigneur de Tramecourt à Malbrancq ne serait autre que celui actuel de Tramecourt. Jean d'Ostove, mari de Gabrielle de Magnicourt, était l'oncle de Françoise du Wez. Il lui laissa son œuvre, et c'est ainsi qu'elle parvint aux Tramecourt.

M. de Galametz commet évidemment une erreur. Il est question dans Malbrancq de la chronique de Saint-Riquier, *chronicon Centulense*, racontant l'histoire de l'abbaye et celle du comté de Ponthieu, *res monasterii complectens et quæ ad Pontivum spectant*, à laquelle plusieurs auteurs ont collaboré [2]. C'est la *chronique d'Hariulf* [3], traduite en français par un moine inconnu de Saint-Riquier, qui a poursuivi son récit jusqu'à l'année 1437, tandis qu'Hariulf arrête le sien en 1104. M. Ferdinand Lot, dans la magistrale introduction de son édition de la *Chronique de Saint-Riquier* [4], nous apprend toutefois que Jean d'Ostove a fait deux additions importantes à l'œuvre qu'il transcrivait, en y ajoutant une liste des cens et une autre des cent quatre villas que possédait l'abbaye au ixᵉ siècle.

Ce qui prouve au surplus que le manuscrit actuel de Tramecourt n'est pas de la main du sieur de Noyellettes, c'est qu'il va jusqu'à l'année 1467 et que l'on y chercherait en vain la signature de Jean d'Ostove que portait son *Chronicon Centulense :* « Subscribente nobili viro Joanne d'Oston [4] ».

---

[1] *De Morinis seu Morinorum rebus*, t. I, p. 686 ; auctorum in opere citatorum commendatio.

[2] La chronique d'Hariulf, traduite en français et continuée par un religieux inconnu de Saint-Riquier, contenait en effet un *libellus* d'Angilbert et de Charlemagne relatif à la situation des biens de l'abbaye, la vie et les miracles de saint Riquier par l'abbé Enguerrand, la vie de cet abbé lui-même, puis l'œuvre personnelle du compilateur anonyme. M. Lot, dans la savante édition indiquée ci-après, porte à plus de trente les sources narratives de la chronique d'Hariulf. (*Introduction*, p. xix et suiv.)

[3] Hariulf, moine de Saint-Riquier d'Abbeville, puis abbé d'Audembourg en 1105, mort dans cette abbaye le 19 avril 1143.

[4] Ferdinand Lot, *Chronique de l'abbaye de Saint-Riquier par Hariulf*, Introduction, p. lvi.

Il faut en conclure que le manuscrit dont parle Malbrancq a subi, pendant la Révolution, le même sort que le manuscrit d'Azincourt; perte d'autant plus regrettable que le texte original du religieux anonyme de Saint-Riquier n'existe plus et que le manuscrit d'Hariulf a péri lui-même dans l'incendie de l'abbaye de Saint-Riquier, en 1719 [1].

L'erreur de Mazas, reproduite par Roger et commise, d'une façon différente, par l'historien de la maison de Tramecourt, s'explique d'autant moins que l'auteur de notre manuscrit se nomme lui-même au folio 417 verso. C'est Jean de Magnicourt [2], deuxième du nom, seigneur de Verchin-en-Ternois [3], où il naquit en 1415 [4], qui, en 1452, commença la reconstruction de son château, terminée seulement cinq ans après, épousa Jeanne de Sautricourt, servit en 1474 le dénombrement [5] de sa terre de Verchin au château de Lisbourg [6] et de celle de Sautricourt [7] au château d'Erin [8], *« et aveuc che escript de sa main ches présentes histores »*.

C'est entre les années 1458 et 1468 vraisemblablement qu'il le fit. Il résulte de la note qui termine le récit de la bataille d'Azincourt, que ce fut après 1457 qu'il prit la plume, et, comme il arrête sa chronique en 1467, il y a lieu de croire que c'est en cette année qu'il laissa son ouvrage en suspens.

Il était mort en 1507, lorsque fut rédigée la coutume de « la terre et seigneurie de Verchin-en-Ternois » [9]. Son fils, du même nom que lui, qui vivait à cette époque, transmit le manuscrit à Jacqueline de Magnicourt, sa fille, qui épousa en 1544 Charles du Wez, écuyer, seigneur de Beaurepaire, fils de François du Wez et de Pasques de Framecourt. Françoise du Wez, issue de ce ma-

---

[1] Lot, *op. cit.*

[2] Cette famille tirait son nom du village de Magnicourt-sur-Canche, arrond[t] de Saint-Pol. Elle portait pour armes : *d'argent, au lion de sinople armé et lampassé de gueules, chargé sur l'épaule d'un écusson écartelé d'or et de sable.* Le grand-père de Jean de Magnicourt avait été tué en 1383 au siège de Bergues. Hector, son père, mort à Azincourt, avait été fait prisonnier devant Merck, en 1407.

[3] Canton de Fruges, arrond[t] de Montreuil-sur-Mer.

[4] Il avait 37 ans en 1452 (*ms. de Tramecourt*, fol. 417 v°).

[5] V. Brassart, *op. cit.*, p. 159.

[6] Canton d'Heuchin, arrond[t] de Saint-Pol (Pas-de-Calais).

[7] Sur Wawrans, canton et arrond[t] de Saint-Pol.

[8] Canton d'Heuchin, arrond[t] de Saint-Pol.

[9] Bouthors, *Coutumes locales du bailliage d'Amiens*, t. II.

riage, hérita, à la mort de son frère, à la fois de la seigneurie de Verchin et de l'œuvre de Jean de Magnicourt, et apporta l'un et l'autre à son mari, Jean de Tramecourt.

Depuis cette époque, le célèbre manuscrit n'a quitté le château de Tramecourt qu'une seule fois, en 1750. L'abbé de Saint-Bertin, D. Gherbode, ayant l'intention d'écrire une histoire d'Artois et trouvant intéressante la chronique de Jean de Magnicourt, alla la demander au marquis de Tramecourt qui la lui prêta. Elle resta plus de trente ans à l'abbaye de Saint-Bertin, et, pour en recouvrer la possession, son propriétaire fut forcé d'aller la reprendre lui-même à Saint-Omer, quelques années avant 1789. Depuis lors, réintégré au bercail, le manuscrit de Tramecourt ne l'a plus quitté.

Il serait à désirer que l'appel du savant Henri Piers [1] fût entendu et que la publication de la chronique de Tramecourt tentât un jour quelque érudit. Cette chronique pourrait faire bonne figure dans la *Collection des textes pour servir à l'étude et à l'enseignement de l'histoire,* dont un des derniers volumes contient la chronique d'Hariulf. La chronique de Flandre, si mal éditée par Denis Sauvage, en 1561, et qui ne va que jusqu'à l'année 1383, se trouverait complétée de nombreuses notes et additions, avec une chronique originale.

En attendant, nous pensons qu'il n'est pas sans intérêt d'en extraire le récit d'un de nos plus cruels désastres, celui de la bataille d'Azincourt [2], *la male journée,* comme l'appellent les contemporains.

Proche voisin des lieux où s'était livré le combat, fils de l'un des chevaliers qui y trouvèrent la mort [3], né en cette même année, tout fait supposer que Magnicourt a contrôlé le récit de Monstrelet à l'aide de ses propres renseignements et de la tradition qui devait

---

[1] « La chronique de Tramecourt, écrivait-il en 1837, faite sur les lieux quelques années après l'événement, est un *manuscrit fort intéressant.* Hennebert en avait pris lecture. Elle est demeurée trente ans, vers la fin du siècle dernier, à l'abbaye de Saint-Bertin. Le propriétaire l'avait heureusement recouvrée avant la dévastation de cette communauté. *Puisse-t-elle être bientôt publiée! Ce serait assurément l'un des documents les plus curieux de nos nouvelles archives concernant l'Histoire de France.* » (*Le Puits artésien,* année 1837, p. 387.)

[2] Ce récit occupe dans le manuscrit les folios 415 verso, 416 et 417 recto et verso.

[3] Folio 417 v°.

encore être très vivace au moment où il écrivait : «Tous les historiens, dit La Plane, en racontant les détails de cette mémorable
journée, semblent avoir puisé aux mêmes sources; ils ont laissé
échapper quelques inexactitudes successivement reproduites, même
par des écrivains plus modernes, inexactitudes faciles à rectifier à
l'inspection des lieux et à *l'examen d'un très beau manuscrit contempo-
rain, authentique et original, qui se conserve au château de Tramecourt*[1].»

C'est qu'en dehors d'un style plus rapide, d'un enchaînement
plus logique dans les épisodes de la bataille, de variantes préfé-
rables pour les noms propres, plusieurs détails, qui semblent avoir
échappé à Monstrelet[2], se trouvent dans notre manuscrit. Ainsi,
Thomas Espinghem, après avoir jeté en l'air son bâton blanc, si-
gnal du combat, crie : *ne stroque — now strike*, maintenant frappez,
et non *nesciecque*, que Douët d'Arcq traduit par *je ne sais quoy*, de
nescio que probablement, ce qui ne signifie rien.

Le duc de Bethford, frère du roi d'Angleterre, non mentionné
par Monstrelet, accompagne le duc de Glocester. Le duc de Brabant arrive, avec une petite troupe, du château de Pernes[3], où
il a passé la nuit. Le nombre des morts est évalué à dix mille, en
dehors des bannerets et des simples chevaliers. Sur ces dix mille
hommes, six mille appartiennent à la noblesse. Parmi eux figure
Hector de Magnicourt, père de notre chroniqueur.

Sans nous faire illusion sur l'importance de ces détails, nous
pensons que l'érudition moderne, qui ne pratique pas la maxime
du préteur romain[4], voudra bien y trouver quelque intérêt pour
la précision et la critique historiques. Nous ajouterons que Douët
d'Arcq, qui, dans la préface de son édition, indique les manuscrits
connus, complets ou écourtés, de la chronique de Monstrelet, sept
à la Bibliothèque nationale et deux à la bibliothèque de l'Arsenal,
ne fait pas mention du manuscrit de Tramecourt.

En cela l'éditeur est excusable, puisqu'il s'agit d'une chronique
étrangère à la plume du prévôt de Cambrai, quoique inspirée par
lui. Écrite par un Artésien, on y retrouve les formes picardes aux

[1] *Mémoires des antiquaires de la Morinie*, loc. cit.

[2] *Édition Douët d'Arcq*, publiée par la Société de l'Histoire de France ; *Paris,*
Renouard, 1859, in-8°.

[3] Pernes-en-Artois, canton d'Heuchin, arrond' de Saint-Pol.

[4] «De minimis non curat prætor.»

c doux, comme dans *che*, *Alenchon*, *Bouchicaut*, *commenchèrent*, *ches*, *bachinet*, *plache*, *chinquante*, etc., et l'*i parasite*, comme dans *nouviau*, *marchier*, *archier*, *derechief*, *empeschier*, *chiefs*, *commenchier*, etc. A ce titre notre manuscrit se rapproche du ms. fr. 6486 (anc. sup. fr. 93), de la Bibliothèque nationale. Nous ferons surtout ressortir en note les différences qu'il présente avec le texte de Monstrelet publié par la Société de l'histoire de France.

Quant les Englés furent passé la rivière de Blangy en Ternois [1], il s'en allèrent logier en ung petit village nommé Maisoncelles [2], à trois trais d'arc ou environ des François. Et faissoient ceste nuit dévotement paix avecu Dieu, en confessant leurs péchiés, et receurent plusieurs le cors Nostre-Seigneur, attendans lendemain la mort. Et nientmains, par grant sens, faissoient sonner leurs trompettes et plusseurs autres instrumens toute cette nuit, tellement que tout retentissoit autour de eux; et s'estoient moult lassés et travilliés de fain, de froit et d'autres mésaises [3].

Et en ceste nuit fu fait le duc d'Orléans [4] nouviau chevalier, en une course qu'il fist [5], et le conte de Richemont [6], à tout II^m lances et aucuns archiers, jusques asses près du logis des dis Englés, lesquex saillirent au dehors de leurs hayes et là se mirent en bataille et commenchèrent à traire l'un contre l'autre.

Et lendemain, qui fu vendredy xxve jour d'octobre, le connestable, les ducs d'Orléans, de Bourbon [7], de Bar [8] et d'Alenchon [9]; les contes de Nevers [10],

[1] Blangy-sur-Ternoise, canton du Parcq, arrond^t de Saint-Pol.

[2] Maisoncelle, même canton.

[3] Cf. *Monstrelet*, p. 101 et 102.

[4] Charles, duc d'Orléans, sire de Coucy, pair de France, fils de Louis de France, duc d'Orléans, et de Valentine de Milan.

[5] Ce détail manque dans Monstrelet.

[6] Artus, troisième du nom, duc de Bretagne, comte de Richemont et de Montfort, seigneur de Parthenay, pair et connétable de France, fils de Jean V, duc de Bretagne, et de Jeanne de Navarre.

[7] Jean Ier, duc de Bourbon et d'Auvergne, comte de Clermont, pair et grand chambrier de France, fils de Louis II, duc de Bourbon, et d'Anne, dauphine d'Auvergne.

[8] Édouard III, duc de Bar, marquis de Pont, fils de Robert, duc de Bar, et de Marie de France.

[9] Jean, duc d'Alençon, comte du Perche, pair de France, fils de Pierre II, comte d'Alençon, et de Marie Chamaillart, vicomtesse de Beaumont.

[10] Philippe de Bourgogne, comte de Nevers, baron de Douzy, grand-chambrier de France, fils de Philippe le Hardi, duc de Bourgogne, et de Marguerite, comtesse de Flandre et d'Artois.

d'Eu [1], de Richemont, de Vendosme [2], de Marle [3], de Waudemont [4], de Blanmont [5], de Salmes [6], de Grant-Pré [7], de Roussy [8] et de Dampmartin [9], et tous les autres seigneurs et gens de guerre, s'armèrent et firent trois batailles, dont en l'avant garde mirent viiiᵐ lances, iiiiᵐ archiers et xvᶜ arbalestriers; desquex estoient meneurs le connestable, les dus d'Orléans et de Bourbon, les contes d'Eu et de Richemont et le bon marissal Bouchicaut [10], et le conte de Vendosme et autres officiers royaux, à tout xviᶜ lances [11], furent ordonné à faire une helle; et messire Clugnet de Brébant [12] et messire Loys Bourdon, à tout viiiᶜ lances [13], une autre helle, tous gens de cheval esleus.

Et en la bataille furent ordonné autant de gens comme en l'avant garde, soubz la conduite des dus de Bar et d'Alenchon, des contes de Nevers, de Waudemont, de Blanmont, de Salmes, de Grant-Pré et de Roussy; et en l'arrière garde estoient tout le sourplus des gens d'armes soubz la conduite des contes de Marle, de Dammartin et de Fauquenbergue [14] et de plusieurs

(1) Charles d'Artois, comte d'Eu, pair de France, seigneur d'Houdain, fils de Philippe d'Artois, comte d'Eu, et de Marie de Berry.

(2) Louis de Bourbon, comte de Vendôme et de Chartres, grand-chambellan, gouverneur de Picardie, Champagne et Brie, fils de Jean de Bourbon, comte de la Marche, et de Catherine, comtesse de Vendôme.

(3) *D'Aumarle*, éd. D. d'A. — Robert de Bar, comte de Marles et de Soissons, vicomte de Meaux, sieur d'Oisy, grand boutellier de France, fils d'Henri de Bar, seigneur d'Oisy, et de Marie de Coucy, comtesse de Soissons.

(4) Ferry de Lorraine, comte de Vaudemont, fils de Jean, duc de Lorraine, et de Sophie de Wurtemberg.

(5) Henri, troisième du nom, comte de Blamont, fils de Thiébaut, comte de Blamont.

(6) Henri II de Salm.

(7) Ferry de Grandpré, chevalier, comte dudit, seigneur de Verpel et de Quatrechamps, fils de Jean III, comte de Grandpré, et de Catherine de Châtillon.

(8) Jean VI, comte de Roucy et de Braine, fils d'Hugues II, comte de Roucy, et de Blanche de Coucy.

(9) Jean de Payel, comte de Dammartin, fils de Guillaume de Payel et de Marguerite de Châtillon, qui succéda à Blanche de Trie, femme de Charles de La Rivière, dans le comté de Dammartin.

(10) Jean le Meingre, dit Boucicaut, comte de Beaufort et d'Alais, vicomte de Turenne, maréchal de France, fils de Jean le Meingre, dit Boucicaut, maréchal de France, et de Flore de Linières.

(11) *A tout seize cents hommes d'armes* (p. 103).

(12) Pierre de Brébant, dit Clugnet, chevalier, seigneur de Landreville, amiral de France.

(13) « A tout huit cens hommes d'armes à cheval » (p. 104).

(14) Waleran de Raineval, comte de Fauquembergue, seigneur de Fouilloy, fils de Raoul, sieur de Raineval, grand-panetier de France, et de Philippe de Luxembourg.

autres grans seigneurs. Et furent en che point, attendans leurs anemis, jusques entre ix et x heures, espérans pour certain d'avoir la victoire.

Et les Anglés véans que les François ne les alloient poinct envaïr, appelans la divine ayde, se deslogèrent et envoièrent de leurs coureurs par derrière enbrasser une grange en la ville d'Asincourt [1], pour effrayer les François, et d'autre costé envoièrent ii° archiers entrer en la ville de Tramecourt par derrière, qui se tinrent tout quoy en ung pré jusques à tant qu'il fut heure de traire.

Et che pendant le roy d'Engleterre fist ordonner sa bataille par ung chevalier chenu de vieillesse, nommé messire Tomas Erpinguen [2], mettans les archiers devant et gens d'armes derrière, et après ordonna comme deux helles d'archiers et de gens d'armes, lesquex archiers avoient chascun un penchon aguisiet à deux bous, pour fichier devant eux. Et estoient la plus grande partie en leurs pourpoins, sans armure et sans chapperons, leurs cauches avallées et aucuns nus piés, ayans maillés et espées pendues à leur chainture; en outre leurs chevaux et autres bagages furent mis derrière eux. Sy furent mout bien enorté par celui viel chevalier de combatre hardiement pour sauver leurs vies, et chevauchoit, lui iii°, au lonc de la bataille. Sy jetta ung blanc baston qu'il tenoit en hault, en disant : «ne stroque [3]». Il descendy à piet aveuc le Roy et les autres et adont firent soudainement un tres grant cry, en commenchant à marchier bellement; et tantost après se reposèrent pour reprendre leur allaine, puis firent encore un grant cry. Et adont les ii° archiers, qui estoient ou pré à Tramecourt, tirèrent vigoureusement sur les François en eslevant de rechief un grant cry, et incontinent les Englés de la bataille commenchèrent à tirer de loing et à la vollée et les François commenchèrent à inclinier leur chief pour le trait.

Les princes qui estoient aveuc le roy d'Engleterre estoient les ducs de Bethfort [4] et de Clocestre [5], ses frères, le duc d'York, son oncle [6], les contes de Urset [7], de Xutforde [8], de Suffort [9] et de Quin [10] et le conte

[1] Azincourt, canton du Parcq, arrᵗ de Saint-Pol-sur-Ternoise.

[2] «Par ung chevalier tout chan de vieillesse, nommé Thomas Chipiguen» (p. 105).

[3] «En disant *Nesciecque*» (p. 106).

[4] Omis par Monstrelet. — Jean de Lancastre, duc de Bedford, fils d'Henri IV, roi d'Angleterre, et de Marie de Bohune.

[5] Humfrey, duc de Glocester, commandant deux cents hommes d'armes.

[6] Petit-fils d'Édouard III d'Angleterre.

[7] *Dourset* (p. 106). — Thomas Baufort, comte de Dorset, oncle d'Henri V d'Angleterre.

[8] *D'Exinford* (ibid.). — C'était le comte d'Oxford; il avait deux chevaliers et trente-sept écuyers avec lui.

[9] Michel, comte de Suffolk.

[10] Le comte de Kent, tué en 1420 à la bataille de Baugé.

Marissal [1]; les seigneurs de Camber, de Willeby [2] et de Cornuaille et pluseurs autres seigneurs d'Engleterre, lesquex faissoient mout fort sonner trompettes et clarons. Et adont les François allèrent un peu à l'encontre de eux et les firent reculler, et en y ot plusseurs navrés et empeschiet du trait des Englés, avant qu'il fussent joint à eux. Et se estoient sy dru qu'il ne pooient lever leurs bras pour férir leurs anemis, senon aucuns qui estoient devant, qui les bontoient de leurs lances, lesquelles il avoient copé par le moillon, affin qu'elles fussent plus roides [3].

Or advint que des viii⁰ hommes d'armes qui estoient ordonné à cheval pour rompre la bataille des Englés, il n'en y ot que vi×× qui se meissent en paine d'entrer en eux; desquex fu messire Guillaume de Saveuses [4], Hector et Philippe ses frères, Allain de Wandone [5], Lamon de Lannoy [6], dont les aucuns furent tantost mors et les autres furent rapporté par leurs chevaux, qui doutaient le trait, parmy l'avan garde; lesquex il dérompirent en pluseurs lieux et les firent reculer en une terre qui estoit nouvelle semée et estoit mout fresche, car il avoit plu largement [7]. Et là chéoient hommes d'armes sans nombre; et les autres s'enfuirent à l'exemple de ceux qui estoient à cheval.

Quant les Englés veirent l'avan garde des François ainsi rompue, il entrèrent en eux tous ensamble, en ruant jus jembars et métans levées mains aux maillés et aux espées, et ociant quan qu'il encontroient.

Après vindrent à la seconde bataille, devant laquelle il encontrèrent le bon duc Antoine de Brabant [8], lequel avoit ceste nuit jeu au chastel de Pernes, et venu à petite compagnie pour estre à la journée; et avoit leissiet ses gens derrière, et s'estoit bouté entre l'avan garde et la seconde bataille [9]. Sy fu sans délay mis à mort. Et après passèrent outre et allèrent conjointement envaïr la seconde bataille, qui tantost fu dérompu en pluseurs lieux. Et adont toute l'arrière garde estans encors à cheval, véans les deux autres batailles avoir le pieur, se tournèrent en fuite, excepté aucuns des

[1] *Le comte Mareschal* (D. d'A.). — John, comte Marschall, commandant une compagnie de trente-trois lances.

[2] Sire William Willoughby, à la tête de trente hommes d'armes.

[3] Cf. *Monstrelet*, p. 107.

[4] Guillaume de Saveuse, chevalier, fils de Morelet de Saveuse, chevalier, sieur de Flesselle, chambellan du roi, et de Marguerite de Brouilly.

[5] Alain de Wandonne, d'une maison du Boulonnais, fut tué un des premiers.

[6] Pierre, dit Lamon de Lannoy, fils de Colart de Lannoy, chevalier, et de Jeanne de Nédonchel. — Il n'est pas nommé ici par Monstrelet.

[7] « Et les firent reculer en terres nouvellement fumées » (Monstrelet, p. 108).

[8] Antoine, duc de Brabant, de Lothier, Luxembourg et Limbourg, comte de Rethel, pair de France, fils de Philippe, duc de Bourgogne, et de Marguerite, comtesse de Flandre et d'Artois.

[9] Tous ces détails manquent dans Monstrelet. (Cf. p. 108.)

chiefz d'icelle aveuc vi[xx] hommes d'armes ou environ, qui allèrent très
vaillaument férir dedens leurs ennemis. Mais che riens ne leur valu, car
tantost furent tous mors ou prins[1].

Adont vindrent nouvelles au roy d'Engleterre que les François les assail-
loient par derrière; che qui estoit vérité. Pour quoy il fist crier sur le hart
que chascun tuast ses prisonniers, doutans que les François ne se receul-
laissent. Et adont fu faite piteuse occision desdis prisoniers; et, pour ceste
cause, Robinet de Bournoville[2] et Ysembart d'Asincourt[3], qui avoient fait
ceste entreprinse avec environ vi[e] paissans, furent depuis longuement dé-
tenu prisonniers par le duc de Bourgongne, nonobstant qu'ilz avoient donné
au conte de Charollois, son filz, une mout riche espée.

Durant ceste occision, le duc d'Alenchon véans la perdicion de la journée
trespercha vaillamment, à l'ayde de ses gens, grant partie de la bataille,
jusques assés près du roy d'Engleterre, et tant qu'il abaty et navra le
duc d'Yorc. Adont, le roy d'Engleterre, véans che, aprocha pour le relever
et se enclina ung petit; et lors le duc d'Alenchon le féry de sa hache sur
son bachinet et lui abaty une partie de sa courone, et, en che faisant, fu
ycelluy duc très fort couronné des gardes du corps du roy. Et quand il
aperçut qu'il ne pooit eschapper, il dist au roy, en relevant sa main : «Je
suy le duc d'Allenchon et me rens à vous.» Mais, ainsy que yceluy roy
volloit prendre sa foy, il fu occis. Et adont les François s'assambloient par
hotiaux, eux cuidans recueillier, mais tantost estoient abatus sans faire grant
deffense, et en ceste manière obstint le roy d'Engleterre la victore contre
les François, pour che jour[4].

A laquelle journée morurent messire Charles de Labret[5], conestable
de France; le marissal Bouchicaut, le seigneur de Dampierre[6], admiral;
le seigneur de Rambures[7], maistre des arbalestriers; messire Guichart
Dauphin[8], maistre d'ostel du roy; le duc Antoine de Brabant, le duc

---

[1] Manque dans Monstrelet.

[2] Il s'agit probablement d'Aléaume de Bournonville, chevalier, seigneur de
Conteville, fils aîné de Robert de Bournonville et de Jeanne de Cramaille.

[3] Fils de Renaud d'Azincourt, chevalier, échanson du roi, bailli de Gisors,
qui lui-même assistait à la bataille et y perdit la vie.

[4] L'épisode qui précède se trouve dans Monstrelet, après la liste des morts
(p. 119).

[5] Charles Ier, sire d'Albret, comte de Dreux, connétable de France, fils d'Ar-
naud d'Albret et de Marguerite de Bourbon.

[6] Jacques de Chastellon, sire de Dampierre, amiral de France, conseiller et
chambellan du roi.

[7] David de Rambures, chevalier, grand-maître des arbalétriers, fils d'André,
sire de Rambures, chambellan du roi et de Catherine de Brégny.

[8] Guichard Dauphin, chevalier, seigneur de Jaligny, fils de Guichard Dauphin, grand-maître des arbalétriers, et d'Isabeau de Sancerre.

Edouard de Bar[1], le duc d'Alenchon, les comtes de Nevers[2], de Marle[3], de Waudemont[4], de Blanmont, de Grant-Pré, de Roussy, de Fauquembergue; Jehan, frère au duc de Bar[5]; Loys de Bourbon[6], filz du seigneur de Praiaux, et bien cent autres chevaliers et banerés et x^m autres persones[7], desquez y avoit bien vime nobles hommes[8], dont en fu ung nommé messire Hector de Magnicourt, seigneur de Werchin-en-Ternois, père de Jehan, seigneur de Werchin, et avoit esté fait nouviau chevalier à la dite journée, et bien v^e autres; lequel Jehan de Werchin, son filz, fist depuis commenchier à édefier en nouvel lieu la plache de Werchin, en l'an mil iiiie et chinquante deux, et de son eage le xxxviie, et fu paracomplie, comme elle est à présent, en l'an mil iiiie et chinquante sept. *Et aveuc che il escript de sa main ches présentes histores*, et eut espousée Jehanne de Soutrecourt, dont il eut plusseurs enfans. Et en outre, à la dite journée d'Assincourt furent prins, comme on estimoit, xvie prisoniers, desquex furent les ducs d'Orléans et de Bourbon, les contes d'Eu, de Richemont et de Vendosme et messire Jacques de Harcourt[9].

[1] Édouard III, duc de Bar, marquis de Pont, troisième fils de Robert, duc de Bar, et de Marie de France.

[2] Philippe de Bourgogne, comte de Nevers, grand-chambellan de France, fils de Philippe le Hardi et de Marguerite, comtesse de Flandre.

[3] «Messire Robert de Marle, comte de Marle» donne Douët d'Arcq. C'est Robert de Bar, comte de Marles, qu'il faut lire. Robert de Bar, comte de Marles et de Soissons, vicomte de Meaux, seigneur d'Oisy, grand-bouteiller de France, fils d'Henri de Bar, seigneur d'Oisy, et de Marie de Coucy, comtesse de Soissons.

[4] Ferry de Lorraine, comte de Vaudemont, fils de Jean, duc de Lorraine, et de Sophie de Wurtemberg.

[5] Jean de Bar, seigneur de Puisaye, sixième fils de Robert, duc de Bar, et de Marie de France.

[6] Louis de Bourbon, chevalier, sieur de Préaux, fils aîné de Jacques de Bourbon, sieur de Préaux, grand-bouteiller de France, et de Marguerite de Préaux, dame de Thury.

[7] La liste des morts donnée par Monstrelet est beaucoup plus complète. Voir p. 113-118, éd. D. d'A.

[8] Manque, jusqu'à la dernière phrase, dans Monstrelet.

[9] Jacques d'Harcourt, baron de Montgommery, seigneur de Wailly, capitaine de Rue et du Crotoy, fils de Jacques d'Harcourt, chevalier, sieur de Noyelles, et de Jeanne d'Enghien, dame d'Havré.